Vuelo unitario

TRÁNSITO DE FUEGO

Colección de poesía

_____

Poetry Collection

JOURNEY OF FIRE

Carlos Vázquez Segura

VUELO UNITARIO

Nueva York Poetry Press®

Nueva York Poetry Press LLC
128 Madison Avenue, Oficina 2RN
New York, NY 10016, USA
Teléfono: +1(929)354-7778
nuevayork.poetrypress@gmail.com
www.nuevayorkpoetrypress.com

Vuelo unitario
© 2021 Carlos Vázquez Segura

ISBN-13: 978-1-950474-30-1

© Colección *Tránsito de Fuego* Vol. 14
(Homenaje a Eunice Odio)

© Dirección:
Marisa Russo

© Edición:
Francisco Trejo

© Diseño de portada:
William Velásquez Vásquez

© Diseño de interiores:
Moctezuma Rodríguez

© Fotografía:
Archivo personal del autor

Vázquez Segura, Carlos
Vuelo unitario / Carlos Vázquez Segura. 1ª ed. New York: Nueva York Poetry Press, 2021, 152 pp.
5.25" x 8".

1. Poesía mexicana. 3. Poesía latinoamericana.

Todos los derechos reservados. Esta publicación no puede ser reproducida, ni en todo ni en parte, ni registrada en o transmitida por, un sistema de recuperación de información, en electroóptico, por fotocopia, o cualquier otro, sin el permiso previo por escrito de la editorial, excepto en casos de citación breve en reseñas críticas y otros usos no comerciales permitidos por la ley de derechos de autor. Para solicitar permiso, contacte a la editora por correo electrónico: nuevayork.poetrypress@gmail.com

UN VUELO EN BUSCA DE RESPUESTAS

Apoyado en las palabras que fluyen de su interior y se despliegan entre intuiciones, cuestionamientos y dudas, Carlos Vázquez intenta un *Vuelo unitario* que lo conduzca a la fuente del saber, a la región primordial de la conciencia, para dilucidar el sentido de la vida. Quiere saber de Dios, del universo inexplicable, del papel que le corresponde al ser humano y de una fórmula que dilucide el por qué sufrimiento.

No es fácil la tarea. Sin embargo, el autor, inmerso en la lógica de recientes nociones metafísicas, nos brinda una respuesta plausible: Somos polvo de un sol mayor; pero también *somos tierra/ células de un planeta/ incendiado de vida*; de un universo ordenado, interrelacionado, vinculado fractalmente. Por eso escribe:

Las nuestras
se acuñan diminutas
entre plumas
de alas más grandes
que a su vez
se ajustan en otras
que son apenas plumaje
en alas mayores
las que, ordenadas,
empluman a otras
fractalmente adosadas
 en otras y otras
cada vez más grandes;

hasta que se hace posible
el vuelo unitario de la creación.

Lo absoluto. El fractal que se sostiene y se explica a sí mismo. La fórmula perfecta que, no obstante, envuelve y esconde el enigma sempiterno. "¿Desde cuál Dios/ y hacia qué afán/ aletea el universo". Difícil precisar. Nosotros, los seres humanos, podemos tener, quizá, la oportunidad de vislumbrar el corazón secreto del enigma, pero no hay nada resuelto de antemano. Por principio, debemos despojarnos de las creencias y dogmas que determinan lo que suponemos ser para, quizá, finalmente encontrarnos. Apagar los formatos, "desenjaular" prejuicios y espolvorear en la nada el ego que nos rige determinado por "el estricto concepto" que cada uno tiene de sí.

Y sin embargo, en nosotros se encuentra la posibilidad de posibilidades. El poder interior que nos permite reconocer que "dendrita soy/ en la idea del universo", esa parte de un todo articulado que se sostiene a sí mismo, como un inmenso organismo.

En esa búsqueda el instrumento principal de Carlos Vázquez es la palabra. Gracias a ella, el texto se articula y manifiesta las intuiciones del autor, sus expectativas y también sus incertidumbres, convirtiendo su voz, a su vez, en un fractal minúsculo, en donde se reflejan los flujos cósmicos, sus movimientos y contradicciones, así como la posibilidad de alcanzar lo inalcanzable, de pronunciar lo indecible, de reflejar en el texto —espejo sincrónico de la presencia— la vinculación universal y, al mismo tiempo, cuestionar al Creador.

La palabra es la punta de lanza en el *Vuelo unitario* de Carlos Vázquez, para adentrarse en los mundos de la intuición y encontrar en ellos, proyectadas, sus propias certezas y desesperanzas, por eso escribe:

Soy la palabra difusa
en que el ruido efervesce;
la presencia
que jamás podrás
decantarle al éter.

Al principio, el libro ofrece una visión más bien optimista de un universo regido por leyes profundas que sustentan el surgimiento de los seres humanos, polvo de soles. Sin embargo, al avanzar el texto surge el viento de la perplejidad sobre la propia presencia del autor; cierta vacilación se mueve en un oleaje de corrientes que se cruzan. "Soy —nos dice— el que a sí mismo se habla/ cuando te digo todo/ en el espacio impalpable". O:

Vivo dudando.
poco sé
y mucho resulta
lo que supongo.

O también:

Ahora, vibro en ausencia
desde otra forma
de no ser visto

Ausencia, presencia, inmanencia del ser humano en un destino que le obliga, quizá, a vivir mil vidas para llegar a este momento. Vidas en que desempeña roles incontables, para forjar lo que ahora es; vidas que arar en esta tierra para emigrar de nuevo, algún día, a las estrellas. En ese camino, el enemigo es el ego, que hace creer a la mente en su propia importancia. Fuimos tejido de lo absoluto, por ello, tras derrotar a la ilusión del ego, podemos quizá retornar a nuestro origen. Tal es la intuición que emerge no sin algunas dudas, de este libro.

Para Carlos Vázquez parece quedar claro que en el pulido constante de sus textos, en alguna forma, comienza a brillar la luz de la certeza. Por eso, seguramente, su canto abre un espacio a la esperanza. Por eso concluye el cuarto capítulo del libro con este bello texto; salto al vacío del ave que quiere aprender a realizar su propio *Vuelo unitario*

El ave que sabe
lo ave que es
salta del nido
por primera vez.

JORGE SOUZA JAUFFRED

LOS INDESEABLES POETAS FOLÓSOFOS

Había una vez un mundo sin filosofía, dónde sólo reinaba la poesía. Sí, los poetas eran los amos y señores de la reflexión profunda, de la sabiduría revelada, de los misterios desentrañados. Ellos manejaban un lenguaje – más bien un metalenguaje- al que los comunes mortales no podían acceder, poseían una mirada, o un alma, que descifraba verdades oscuras y luminosas mentiras.

Con el tiempo los poetas se volvieron peligrosos. En el mundo griego consideraban que traían desgracia le quitaban la paz a las almas y a las conciencias. Creaban confusión y caos en el entendimiento, más que acercar al ser humano a la verdad lo alejaban, sumiéndolo en un complejo valle de sombras y tinieblas. De ahí las críticas que grandes poetas como Homero o Hesíodo tuvieron que soportar de pensadores como Heráclito, que paradójicamente también, como lo hace el autor de este poemario, se servían del verso en sus exploraciones filosóficas.

Quizá por todo eso Platón los odiaba y advertía que eran seres peligrosos que debían ser desterrados de la ciudad. Se refería a ellos a lo largo de su obra, y especialmente en La República como presas de "una locura divina" o bien "un estado donde las musas se apoderan del alma y la dominan", por lo tanto, era necesario el exorcismo de las ideas puras para sacar esos demonios que atormentan a esos pobres seres.

Como la poesía siguió existiendo, aún en la marginalidad, el antídoto que encontró el mundo antiguo- y quizá hoy siga vigente-para dar sentido a esa aparente irracionalidad, fue: La Filosofía. Se creó así un lazarillo que condujera a las almas atormentadas por las musas hacia la serena paz de la racionalidad y la serenidad de los conceptos que pretendían dar cauce a las grandes preocupaciones de la existencia humana, a dar sentido a todo ser que se haga preguntas sobre origen, destino y condición. El mundo de las ideas de Platón había -al menos en apariencia-triunfado.

Durante siglos, poesía y filosofía al parecer han caminado por cauces diferentes, una sumergida en la exploración de lo insondable, rayando muchas veces, en lo mágico, lo esotérico, lo metafísico -ahí tenemos a "Muerte Sin Fin" de José Gorostiza para constatarlo- la otra construyendo modelos, epistemes, métodos, hipótesis para darle orden al universo de entropía que es la condición humana.

No obstante, estos mundos se han agotado en su aislamiento y se han atrevido muchas veces a lo largo de la historia, a converger; más aún, se construyen uno en el otro, en un proceso dialógico: la poesía se vuelve filosófica y la filosofía poética, revelando a la vez que contradiciendo, orientando al ser humano hacia verdades, al mismo tiempo que lo pone en conflicto sobre su existencia. Tal es el caso de la obra de Carlos Vázquez Segura, un poeta con alma de filósofo y viceversa. Sí, en los versos de Carlos Vázquez, (o bien "Charly" como le conocemos los que le queremos), encontramos una especie de hibridación o ser mitológico, un Centauro metafísico o existencialista, que al mismo tiempo que puede volar con las alas de la imaginación crea ideas poderosas que cabalgan y cuestionamientos que lanza con flechas que producen reflexiones sobre los más variados tópicos del existir: Dios, vida, muerte, paz, guerra, soledad, amistad y, desde luego: el amor:

Si todos vamos
en el mismo arrojo
por el que todo es y sucede:
¿a qué sueño es que volamos?

Se advierte en los versos del poeta, no sólo la imagen poética del vuelo hacia los sueños, que ya han evocado las plumas de Shakespeare o Calderón de la Barca, sino la pregunta, el cuestionamiento, que sugiere la pregunta última de la filosofía: ¿Cuál es la razón de ser del existir? ¿Vale la pena perseguir esos sueños o utopías?

En el mismo sentido encontramos en otros versos del poemario:

Despertando
llegamos de otras vidas
y arando esta tierra
podremos emigrar
a la cuna de las estrellas.

En este bello y sencillo verso encontramos una síntesis filosófica que parece aglutinar la esencia del budismo zen: la transmigración de las vidas, y las concepciones científicas modernas que han afirmado que origen y destino de la humanidad son las estrellas. Está claridad de algunos de los versos de Charly, en otros exige un esfuerzo reflexivo, una compenetración del lector, una meditación o incluso una discusión abierta, tal y como lo hace la filosofía, que requiere desentrañar de las palabras sus significados o bien sus implicaciones para comprender- el eterno intento- la condición humana:

La vida y el ser son -frente a frente-
reflejo paralelo;
imagen propia en distintos formatos,
matrimonio ontológico
en que se desdobla cada cual hacia sí mismo,
entre los brazos extendidos del otro.

O bien:

¿Quién sería yo
sí "él hubiera" fuera posible?
¿Cuándo y de qué manera?
si la realidad en la que pregunto
pudiera ser una de tantas
que no llegaron.

En otros poemas, los versos de Charly van más allá de las reflexiones ontológicas o teleológicas para tocar la existencia humana, con todas sus variantes, sus limitaciones:

Mientras memorizaban con cautela
las aristas y sonidos de su nombre
las esferas expandieron su autoestima
ante el juicio conveniado del espejo.
Así, se volvieron globos flotantes;

redondas soledades dilatadas;
crecientes bolas de gel etiquetado
sostenido por soberbia a presión.

Fueron grandes remedos de lunas huecas,
ruidosas cáscaras empelotadas
que se pulían y agrandaban
sin propósito más amplio
que el de su circunferencia.

El ego y su papel en la fragmentación del ser humano, su aislamiento y desolación es uno de los temas recurrentes de la filosofía poética de Charly, que nos lleva a cuestionarnos irremediablemente sobre nuestros despropósitos, aislamiento e incapacidad por trascender nuestras limitaciones.

En otras esferas de su obra poética, (e imposible no tener esa imagen de la poesía de Charly, esferas que danzan con su propia música, que inducen al pensamiento, a la consciencia que cuestiona) sus versos trascienden lo filosófico para situarse en lo metafísico; entendiendo a ésta quizás como una de las principales ramas de la filosofía que profundiza en los misterios del ser, que fue semilla desde el pensamiento de Aristóteles hasta el de todas las vertientes filosóficas a lo largo de los siglos. La metafísica de la poesía de Charly, va desde la increpación o la disgregación del ser humano que se siente perdido, solo, divorciado de ese Dios que le ha creado y que no comprende:

En torno al ataúd junto al que no te vemos, Dios
la muerte nos hinca dolor en un goteo interminable.
Sufrimos nuestras pérdidas por sumisión biológica
mientras nos mueve el muerto que, al vivir, pregonamos.

¿Dónde, Dios, continúa la madeja de la vida?
¿Cómo se reclama la eternidad que tatuaste
en la promesa de santos, gurús y profetas?
¿Dónde se desdoblan los mapas del Mictlán?
¿Quién escribe los nombres en la lista de espera
para reencarnar, ir a Ti o embarcarse al más allá?

Hasta la visión o comprensión del ser humano como una parte de un todo, como un fractal o un holograma que representa y contiene al mismo tiempo la partícula y el cosmos:

Dendrita soy
en la idea del Universo;
micra de plasma
en el cuerpo
de esta galaxia;
célula alada
en el planeo sin prisa
que dilucida al Universo.

O bien, este verso que en sí pudiera representar el alma del poemario:

¿Será el vuelo en sí
la causa primigenia
del impulso sucesivo

que armoniza a todas las alas
desde donde cada pluma
dirige en coro al universo?

Las imágenes en ambos versos son poderosas, como esas bellas Mandalas orientales, los versos de Charly, inducen casi a la meditación bajo la premisa: uno en el todo, el todo en uno; somos células aladas, plumas que producen el aleteo del universo. Vuelo unitario o unificador.

En los dos últimos capítulos de ese vuelo, la reflexión cede su papel en la manifestación filosófica a la *contemplación*, que es otra de las formas en la tradición del pensamiento de obtener comprensión, sabiduría en esencia. Con además una profunda sensibilidad que denota un gran amor por la naturaleza, Charly en sus versos comprueba la premisa filosófica griega de la alétheia: contempla las cosas y seres de la naturaleza ya que ellos te revelarán sus significados, su realidad. Tal y como lo plasma en este verso:

En el abrevadero del aire
aletea la luz del agua
salpicando vida
sobre las ideas
que, súbitamente
también abren las alas.

Al contemplar el poeta de forma amorosa, con verdadera fascinación la naturaleza las ideas estas abren sus alas, y nos revelan hermosos secretos, significados que la razón por si misma no puede alcanzar, pero el alma ve:

Cada ola es todas ellas

conteniendo al mar completo
en el alma de su sal bien repartida.

Además, esta actitud contemplativa hace de este vuelo no sólo unitario en la comprensión si no unificador en la capacidad de fusionar a través de la belleza de natura que subyuga y cautiva tradiciones que van de lo griego a lo budista, como podemos apreciar estos dos bellos versos, llenos de esencia contemplativa-reflexiva, síntesis zen grecolatina:

Un mantra alado
murmura el bosque.
Pistilos seducidos
tributan polen
al brío muscular
de miles de abejas
de fuerza.

Flor de cuatro pétalos nerviosos
atados a un tallo que vuela;
la libélula corteja reflejos
buscando la primavera
entre los matices del agua.

Finalmente, en su búsqueda de verdades reveladas a través de la belleza el poeta explora y logra de forma virtuosa la síntesis expresiva en poemas que evocan un Haiku, condensación máxima de esencias y significados del cosmos:

El ave que sabe

lo ave que es
salta del nido
por primera vez.

Al leer y releer éste bello poemario, que quizá sintetice
como ningún otro del autor el espíritu de su obra, no
sabemos si estamos ante un ejercicio de poesía filosófica, o
filosofía poética. Poco importa, porque al final- quizá sin
darse cuenta- Charly logra demostrar que aquél eterno
divorcio entre ambas es falso, y sólo obedeció al intento
siempre vano del ser humano en su búsqueda civilizatoria
de querer racionalizarlo todo, lo que sólo nos ha llevado a
la fragmentación y a la neurosis, que la medicina del arte
suele remediar.

En realidad, poesía y filosofía, o poesía y metafísica son
autopoiéticas, se crean una a la otra en una danza infinita.
El famoso cuadro de Escher lo expresa mejor que éste
esbozo de texto que hemos intentado.

Como último comentario podemos afirmar que el lector
encontrará al recorrer este poemario aquel espíritu que ya
Aristóteles marcaba en su metafísica: "Todos los hombres
tienen por naturaleza el deseo de saber" y ese saber para el
filósofo, era el de los principios y las causas de todo lo
creado.

Pero pocos hombres muy pocos a lo largo de los
tiempos se han arriesgado a convertir ese deseo en
exploración, en búsqueda, en acción, y muchos menos

a hacerlo a través de las alas de la poesía, que son sin duda una metáfora de las alas del espíritu humano, siempre en búsqueda de ese vuelo unitario en el que todos seamos al mismo tiempo poesía, filosofía y metafísica: ala, pluma y ave.

EDUARDO AZOURI MIRANDA

Capítulo I
ALAS Y DENDRITAS

DENDRITA

Soy el impulso de la gota
que precipita a la ola;
la fracción de gramo
que anima a la balanza;
el soplo faltante en la voz
que rompe el silencio;
el electrón enésimo
que detona la chispa.

Dendrita soy
en la idea del Universo;
micra de plasma
en el cuerpo
de esta galaxia;
célula alada
en el planeo sin prisa
que dilucida al Universo.

SOMOS TIERRA

Somos tierra
células de un planeta
incendiado de vida
cuyas antorchas de clorofila
despliegan sus pistilos
donde la luz llovizna.

Somos aliento espacial
polvo amasado
a la sombra de los astros;
como el que apretamos
para sentir en un puño
el latido del universo.

Somos chispas de barro
matices de vida
en el planeta madre
que nos amamanta
en su cobijo atmosférico.

Viajamos vibrando
en su aura oxigenada
cual nómadas partículas
que ayer fueron hierba o pez;
hoy son nuestro asombro
y mañana podrían ser
el brillo tornasol
en el hechizo del colibrí.

Llevamos en la sangre a cada ser vivo
que ha sido hecho o lo será
con ese polvo estelar y antiguo
que hoy nos da forma y lugar.
Nuestra voz ruge, aúlla, zumba y trina
porque la biósfera tiene sus genes
nadando por igual en las venas
de todas sus creaturas.

La casa redonda y azul en que anidamos
es semilla de una estrella del mañana
y escenario del capricho estacional
sobre el que el sol nos lega cada mañana
una lista nueva de milagros.

Somos luz migrante, aliento reciclable;
chacras de amor transitorio
rodando en un minúsculo planeta
por las calles festivas del Universo.

LA NEURONA

Hinchado su ego
la neurona cree ser mente.

Cavila y se mide
creando la idea de un "yo"
que supone cierto.

No alcanza a imaginar
la trama de dendritas
a la que está conectada
su acción deductiva.

Ignora ser hilo
en el abrigo del cosmos;
letra en el verbo
que la conjuga;
murmullo en la palabra
que nunca acabará
de pronunciar el Universo.

Engañada, no comprenderá
de qué causa habrá sido parte;
piedra en el muro
que sostiene a cuál templo;
trazo en el diseño
de cuantas coincidencias;
pauta en las notas de la canción
que evoca al sueño de quién;

beso sobre el incendio
que alumbra hacia dónde.

Inflado su ego, la neurona
cree que es mente.

VAHO DE AQUEL SOL

Somos vaho del sol que parió al nuestro;
pulso fugaz en los ciclos del carbón y del agua.
Despertando: llegamos de otras vidas
y arando esta tierra podremos emigrar
a la cuna de las estrellas.

Transcurrimos en un puñado de luz
amasada en carne transitoria
mientras forjamos las alas
que desplegaremos después.

Somos neuronas de la única mente
fibras del pensamiento indiviso;
gotas de plasma sumando
en la conciencia del universo.

Arando esta tierra de carbón y agua
un día despertaremos, ingrávidos y alados
en la órbita del sol que parió al nuestro.

BURBUJAS

Viento libre, habían sido;
hálito en el soplo infinito;
lúcidas partículas de éter en el éter
disueltas en el impulso primigenio.

Se diluían en el río intemporal
donde todo fluía sin linderos
términos o prejuicios.
Fueron vaho cósmico
bocanada de aire absoluto
soltura del vuelo unitario
que aletea en eterna resonancia.

Eran coro en la voz interminable
que lo crea todo al pronunciarlo
y fonema en el verbo insilente;
pero la bruma del ego se hizo densa
y con humo conjugaron el yo
que lindaron y pulieron.
Después definieron su nombre
en un espacio exclusivo
al que llamaron identidad.

En burbujas confinaron a cada quien.
creando lo propio, lo ajeno y lo privado
hasta ser egos de jabón independiente;
membranas de consciencia finita
engrosadas de orgullo apenas nacido.

Mientras memorizaban con cautela
las aristas y sonidos de su nombre
las esferas expandieron su autoestima
ante el juicio conveniado del espejo.
Así, se volvieron globos flotantes;
redondas soledades dilatadas;
crecientes bolas de gel etiquetado
sostenido por soberbia a presión.

Fueron grandes remedos de lunas huecas,
ruidosas cáscaras empelotadas
que se pulían y agrandaban
sin propósito más amplio
que el de su circunferencia.

Burbujas apagadas
que se inflaban y dilataban
deslindándose-engreídas-
del flujo de lo externo;
del que no entendieron
que jamás podían
dejar de pertenecer.

Pero el tiempo siempre rompe
Planes, plazos y cutículas
dejando -de esfera en esfera-
una reventada confusión
de polvo, aire libre y glicerina.

Viejas partículas de viento renovado
fluirán difusas, en el soplo unitario

en que todo es y significa
y otra vez -esfera tras esfera-
lúcidas partículas
de éter en el éter
retarán con sus burbujas
al vuelo unitario
que aletea en eterna resonancia.

EL QUE A SÍ MISMO SE HABLA

Vengo del olvido que dejaste
al final de cada vez que coincidimos
sobre un nudo en el haz del tiempo.

Llego a donde mi sombra no encontrará
-antes de la luz- un cuerpo dimensional
desde el que pueda hablarte.

Soy la palabra difusa que en el silencio efervesce;
la presencia que jamás podrás decantarle al éter;
la ausencia de voz que te grita instrucciones
en la matriz de un presente al que no pertenezco
sobre el que no vibro, no peso, no estoy
ni logro conjugar uno solo de los verbos.

Hace una vida, salí de la densidad física
donde mi umbral imponía su estricto lugar
en un tumulto de distancias y fuerzas.

Ahora vibro en ausencia
desde otra manera de no ser visto
en la realidad simultánea que no tiene tiempo.
Soy el que a sí mismo se habla cuando te lo digo.

Desde el espacio impalpable vine a ver
la nueva historia que hoy me miro edificar
con tus propias manos, sin que supongas
esta forma tenaz de ausencia e identidad.

Desde aquí me nombro al pronunciar la autoría
de tus hechos y te invoco al acopiar cuanto soy.

Juntos sumamos a quien hemos llegado a forjar
durante el paso de las vidas que llevamos juntos;
alternando los roles de la persona
y de su conciencia.

PARALELO

Arranco lo espeso, las formas y cada gramo de mi cuerpo.
Disuelvo el legado de sucesos y creencias que supuse ser.
Uno a uno apago formatos, diluyo dogmas y desenjaulo
    prejuicios
hasta espolvorear en la nada, al estricto concepto que
    tenía de mí.
Libre de peso, medida e inercia; me despego del muro
    donde me había dibujado.
Despojo de tinta a mi biógrafo interno y me alejo de la
    memoria de los cronistas.
Ingrávido, llego a los rasgos corpóreos de un sujeto
    conocido, idéntico a mí.
Arribo libre a los trazos justos de aquel otro:
de un yo simultáneo, de alguien más, a quien soy paralelo.
Miro sus ojos -tan míos- mientras se los quito y los
    ajusto a mis cuencas.
Calzo -después- su traje de carne, acuñada a mi justa
    medida.
Me muevo, salto y me convierto en aquel -análogo e
    insólito-
a quien solía observar presintiéndome; a quien podía
adivinar esperando por mí; con la paciencia de quien
siempre supo que recobraría el alma llegado el momento.

La vida y el ser

La vida y el ser se parecen, se abordan en el espejo;
se reconocen en la acepción en que ambas habitan
se tocan mutuamente con idéntico apego y se hablan
con la voz de cada uno camuflada en la del otro.

Cuelgan del mismo capullo atado a las ramas del instante
 y florecen en la terquedad del "segundo a segundo"
 en que eternamente comparten alma, futuro e identidad.

La vida y el ser se confunden en la explosión semántica
que las cimbra y unifica, aunque suenen tan distinto
aunque las dispersen por diversas páginas del diccionario.
Ambas se necesitan, como alas del mismo halcón;
como letras lejanas erigiendo juntas la palabra "Yo".

La vida y el ser son -frente a frente- reflejo paralelo;
imagen propia en distintos formatos, matrimonio
            ontológico
en que se desdobla cada cual hacia sí mismo
entre los brazos extendidos del otro.

LUCIÉRNAGAS

Larvas de fulgor pululan en los pueblos dormidos.
En las mentes hacen nido sus embriones fecundos.
Ya ejercitan las neuronas sus linternas entumidas.
Sin remedio se avecina la epidemia eléctrica.
Las conciencias conectadas, gestan su amanecer.
Rotos los capullos -germinados reflectores y farolas-
se desdoblan en ardientes voces las alas vírgenes.
Al vuelo desplegarán las luciérnagas humanas su
     llamarada.
Sobre el caserío se cimbrará el zumbido de las luces
y un enjambre de conciencias volando tejerá
formas inéditas para inflamar cada amanecer.

LA FIBRA

Soy una fibra
hilacho volante
nimiedad que flota
en las aristas del flujo
que traza al tiempo.

Soy hebra ligera
polvo alargado
que se adosa al rumbo
en que se mueven las montañas
y hacia donde apunta su canto
el grillo de la noche.

Hilado voy
en la rueca absoluta
anudando mi efímera voz
a los ciclos del instante;
enredándome en la trama
que teje la puntualidad de los astros
la arquitectura de las olas
y la sincronía de los pétalos.

Soy una fibra, diminuta
en el delgado cordón trenzado
con que Dios borda a mano
cualquier medida de milagro.

Soy una trama fugaz
sumada a los estambres del Universo;
hilo de la libertad a la que engroso;
mínima fracción que añade longitud
al cordel continuo de la conciencia.

¡Soy un segmento de la voluntad
adosado al cuerpo de la convergencia;
una lía que se sabe entreverada
en la correa infinita de lo creado.

Soy una fibra volátil
nimiedad que se adosa
a la cuerda con que el Universo
alarga las aristas del tiempo.

Capítulo II
SILBANDO SOLES

HUÉSPED PRIMORDIAL

La llevo, la alimento, la visto
respiro en ella y de su voz
soy su sangre y su nave;
ella es máquina en mí.

Voz dibujante que
me define al decirse;
dedo que apunta al rumbo
de mis astros;
remedo de víscera
indispensable;
entraña ignota
que me mueve;
alveolo emocional
que nada a placer
entre mi carne
y mis afanes.

Cardumen de plasma
cartílago del pensamiento
donde cocino relojes
y abrevo encantamientos.
La libertad
es órgano en mí;
eslabón indiscutible
entre las partes
que me conjuntan;
fibra férrea

en las extremidades del ímpetu
huésped primordial
engrane medular
que llevo adherido
obstinadamente
al cuerpo.

EL TAMAÑO

Grande es el espacio que creamos
entre ego y ego, entre cada dos.
Tan grande resulta el abismo
que el mundo resbala por él.

Somos cada lado del precipicio
y el vacío al que caemos
entre ego y ego, entre cada dos.

EL HUBIERA

¿Quién sería yo
si "el hubiera" fuera posible?
¿Cuándo y de qué manera?
si la realidad en la que pregunto
pudiera ser una de tantas
que no llegaron.

Pero aquí estoy;
forastero de este modo
y de su tiempo;
perdido en un mundo
al que resulto ajeno.

Aquí estoy
con frustrado realismo
en la burbuja de lo sucedido
suponiendo alternativas;
cuestionando
-sin fe ni excusa-
al infalible dedo del dios
que juega al azar
con sus briosos dados
cargados de suspenso.

EL DRAGÓN

El miedo es un dragón
que vocifera fuego
en el laberinto
de mi pensamiento.

El humo
de su voz reptiliana
desinfla credos
apaga quimeras
y me hace enfundar
la hoja de la espada.

Su ácido vuelo
dibuja estelas
de ceniza amarga
que intimidan
con su olor putrefacto.

El miedo es una bestia
de escama dura
lengua hostil
y apetito precoz
que solo come
lo que caza
en mi cabeza.

HUMO AMORDAZADO

Soy el sonido disuelto
de aquello que juntos
hacíamos retumbar.

Soy la memoria del estruendo
que nuestro timbre delgado
colgaba en la matriz del tiempo
justo antes de tu vida.

Vengo como humo amordazado.
Soy la evocación que divaga
sobre los chasquidos del incendio
al que aluden tus sequías.

No lo entiendes, pero suelo usar
-de nuestro racimo de verbos-
alguno que te ponga en alerta
o emulo sonar como alarma
golpeando con la nada, la puerta
de tus formas sensoriales.

Traigo cargando aquella voz
con la que nuestro cuerpo
abría -como repique-
su propio lugar entre las fibras
sonoras de la eternidad.

Vibro, cada día,
Imperceptible a tu cedazo
mientras recargo sin prisa
las arcas de la memoria
con que aludes -sin saberlo-
al sitio desde donde soy
tu voz y su sombra.

Soy el Ángel guardián que niegas;
tu aura y consejero inmanente
al que poco a poco te incorporas
al darle uso a la memoria
de nuestras palabras.

TÉMPANOS

Fuerte grita la ventisca en medio de la gente
el egoísmo eleva su voz congelada
y la intolerancia dispersa centellas de frío.

El odio siembra témpanos en el agua por beber
sus bordes hieren al pobre, al distinto y al olvidado.

Nunca aprendí a navegar en este frío prefabricado
porque tengo de cobijo al Sermón de la montaña
erguido y ondeando en el alma de la pluma
con que —animoso- escribo esta expansiva hoguera.

SUPONIENDO

Vivo dudando.
poco me conozco
y mucho resulta
lo que supongo.

Discuto
sin previo acuerdo
ni conclusión visible
respecto a mí
con la imaginación.

Añadió líneas al dibujo
en que no sé precisar
cómo es que me pinta
a mano limpia el tiempo.

Voy y vengo
en caminos probables
hacia vírgenes rumbos
y culpas rotas.

Bebo la conciencia
de que soy mi agua;
de que me baño en ella
fluyendo hacia la sed
de explorarme.

Me observo
buscando semejanzas
entre lo que voy descubriendo
y la idea que de mí
marca la brújula del miedo
que me niego a usar de espejo.

Vivo recalcando el perfil
del difuso intervalo que va
desde donde soy mi inventor
hasta donde el destino hace cuentas
y Dios reclama las patentes.

LA MANTA

Otra vida
otra manera
sin tiempo ni lugar
-sin ella misma-
es "el hubiera".
Manta que cubre
a todo lo negado;
almacén de lo no hecho
pensado u oculto.

Con su aguja inasible
el hilo de la nada
teje puertas
que nadie abrió;
de las que cuelgan
ritos y leyendas
que lo vuelven
ilusoria salvación
asilo de lo inverosímil
nido estéril
de cualquier suposición
paralela e imaginable
de lo que no sucedió.

PLEONASMO

Amar a la vida
es pleonasmo
referencia circular
exceso, obviedad
redundancia natural
que se recalca a sí misma.

Decir: "amar a la vida"
es indultarle a la gramática
la innegable disonancia
de lo doble y reiterado
más allá de la sintaxis.

Cuando digo "amar a la vida"
la severidad semántica
hace una excepción
en su encomienda definitiva
de pulir y precisar;
aprobando indulgente
hasta a su propio disimulo
porque la vida y el amor
son brillo y substancia
de cada uno en el otro.

Cuando digo "amar a la vida"
verbo y predicado se confunden
y todo se reinventa
exactamente al decirlo.

EL COLUMPIO

El columpio de la memoria
pendula entre los años
colgado de los pernos
de mi silencio.

Lleva deshojada y en desorden
la bitácora de cada disfraz
que ha habitado mi nombre.
Va y viene, viene y va;
trazando en el vacío
las vías del arco
donde se enriela
-para mí- el mundo.

Rechinan sus cadenas estridentes
en el vaivén de un terco zigzag
que se alenta en lo espeso del pasado
y en los nudos sin pulir, que sobresalen.

Va y viene, viene y va
hasta umbrales inéditos del otro lado
que aguardan lentamente su momento;
que esperan a que baje del péndulo
que me ata a este jardín de juegos.

MAGNETISMO LUNAR

Cuando los años se agolpan:
la brújula de la memoria desvaría;
no sabe dónde soltó los dados
ni cuándo cargó al olvido;
no recuerda el sitio exacto
en que dejó de contar el tiempo.

Cuando los años se agolpan
y la brújula de la memoria desvaría:
los caminos ya no cansan
y se recorren ida y vuelta
en un abrir y cerrar de ojos.

Los puntos cardinales
se someten al capricho
Igual que se regula
al antojo el magnetismo
que resulte necesario
para vivir por dentro
como si toda herida
hubiera sido perdonada.

Reinventar, es su gusto en la deriva
y su único mapa hacia cualquier lugar;
porque -en números de fantasía-
nunca fallan tino y cálculo
para acertar a las coordenadas

de aquello en lo que se quiere
pasar el día pensando.

Cuando la brújula de la memoria
se libera de dar cuentas:
no hay deudas ni contrapesos
que le hagan mirar atrás.
A esta altura repentina de la vida
los rumbos y las rutas
por lejanos o dispersos que parezcan
conducen siempre hacia uno mismo.

Cuando los años se agolpan
y la brújula de la memoria desvaría;
no hay atajo necesario en los recuerdos
para llegar más pronto a donde ya se está.

BORDES DISTANTES

Mi patria es la libertad de nacer donde sea
de pensar hacia cualquier parte
de montar cualquier estación del año
escurriendo un beso de tierra
sobre todas las líneas del mapa.

Mi patria es el derecho a no necesitarla
a cargarla en la voz o a no suponerla.
Es un cómodo lugar para leer plácidamente
la ortografía de la tarde que circunda al mundo.

Mi país tiene sus bordes distantes
como largos son los brazos de la polvareda
en que cabalgo todos los maizales
de mazorcas sin pasaporte.

Nuestra única y libre bandera
es cada mano ondeante y sincera
que al viento se extiende desnuda
para estrechar el lábaro del amigo.
La risa franca es nuestro himno
y como arma masiva blandimos
el estruendo alargado del aplauso.

Mi tierra es la lealtad silvestre
que germina con la lluvia
de cualquier temporal.

Soy de donde las puertas y oídos
se dejan abiertos como brazos
y los brazos se extienden a lo lejos
como faros cardinales del peregrino.

Mi pueblo es la palabra y la oportunidad.
Soy nativo del buen humor, del plato en la mesa
y del crédito firmado en el papel de la voz.

En mi nación, llueve el mosto de la paz
sobre el capullo que en el ojo arropa al sueño
y en los surcos que entre letras labra el intelecto.

Mi patria es el sabor de cada versión del día;
es la brecha dibujada en el vaho del intento
y el impulso de mis ruedas aceitadas de luz.

Nuestro pasaporte es la confianza
que sin sello ni imprenta; omite al papel.
La alegría es la visa que abre aduanas
en la mente festiva de paisanos y migrantes.

Soy de ese pueblo que encuentro en cualquier parte
y hacia donde siempre parto al despedirme de ahí.
Soy hijo de la quietud que no deja de mover los pies.

Irreductible, nuestro régimen dicta "dejar ser"
ordena permitir todo lo que no haga lo contrario.
Es un laberinto gratuito y sin senado
donde se confunden pertenencia y encomio.

Mi patria es encuentro que estruja;
aliento sobre los hombros del sol;
manos jalando la misma vieja cuerda
en el pozo del agua que todos bebemos.
Es la salud y sus musas en bata
el pizarrón sin gremio, el campo surcado
y el nuevo continente de la red social.

Vengo de donde - las damas que van - se quedan
de donde los viejos florean quimeras
y de cuando los niños al sol
remedan la filigrana de las golondrinas.

Soy de donde me gusta estar
a la sombra de una copa y sin reloj.
nací en el sitio hacia el que viaja sin brújula
mi canto desparpajado y mañanero.
soy paisano de la música que alumbra
y de los oídos quietos que la saben rezando.

Mi lugar es la paz de un silencio concurrido
desde donde -descalzo, alineado y alpinista-
puedo expresar la altitud de mi patria.

CANTARLE AL CANTO

Bendigo que "poder agradecerlo todo"
sea el acto favorito de mi gratitud.
Como cuando se hace lícito
recordar el recuerdo
aplaudir al que aplaude
o cantar por la alegría del canto.

Porque cuando el río se da de beber
o la luz observa a lo que por ella es visible;
la vida se gratifica a sí misma
extendiendo las comisuras de la conciencia
que sonríe por su propio regocijo.

Agradezco a la gratitud
por la mente que florece
en cualquier jardín
en el que quiera pensar
y por el místico Universo
que se expande a sí mismo
en el arrojo aventurero
de sus lunas y planetas.

Bendigo que poder agradecerlo todo
sea el acto favorito de mi gratitud.

Capítulo III
DUDAS EN EL PLANEO

EL GRAN MURMURADOR

Suya es la voz que abordo
al perseguir las coordenadas
del sitio incierto al que llama.

Mi sordo extravío abunda al enredo
de rutas opuestas que lo buscan
y me enfrenta a la encrucijada
de credos en pugna que lo venden.

No hay lugar de llegada
ni instante del cual partir
hacia el Gran Murmurador
que crea lo que piensa, al decirlo.

Aunque su voz deje pistas inéditas
que no he aprendido a rastrear
seguiré las huellas que el eco
pinta en la tez de todo mapa.

Si fallara el oído de la brújula
y los hilos de los rastros
se anudaran entre sí;
continuaría tras las coordenadas
del sitio incierto al que llama
desenredándolos -uno a uno-
a pasos.

ABUNDANCIA PROMISORIA

En torno al ataúd junto al que no te vemos, Dios
la muerte nos hinca dolor en un goteo interminable.
Sufrimos nuestras pérdidas por sumisión biológica
mientras nos mueve el muerto que, al vivir, pregonamos.

¿Dónde, Dios, continúa la madeja de la vida?
¿Cómo se reclama la eternidad que tatuaste
en la promesa de santos, gurús y profetas?
¿Dónde se desdoblan los mapas del Mictlán?
¿Quién escribe los nombres en la lista de espera
para reencarnar, ir a Ti o embarcarse al más allá?

Milenarias creencias, doctrinas y credos
hurgan en viejos pergaminos por migajas de esperanza
para cada muerto en que espejea el que llevamos dentro.
Voces ambiguas -desde todos los credos-
entre dientes crepitan, cuanto nombre se te ha dado;
por si alguno pudiera obligarte a responder.

En templos, mezquitas; pagodas y altares;
entre ermitas, sinagogas y pirámides;
en focos tonales y sitios sagrados
resuenan en vano rezos, mantras y plegarias.
Ofrendas y liturgias vienen; signos rituales van
mas no hay alma que regrese a su difunto.

Si, en lo terreno, cuando una célula muere
en otras formas de vida se integran sus compuestos;
¿qué esperar, Dios, que suceda en las cuentas del alma?

En torno al ataúd junto al que no te vemos, Dios
resuenan preguntas milenarias:
¿Dónde retornará esa dosis de conciencia
con que podríamos suponerte?
¿Cómo se le cobra el saldo de eternidad
a cualquiera de tus nombres?

ROSTRO PERSONAL

El tiempo es una imagen
donde todos los verbos
conjugan nuestro rostro.

Es la pantalla
donde la luz en que nos vemos
queriendo aparecer
nos dibuja cual reflejo
de cuanto creemos que existe.

El tiempo es la impresión
que los sensores de la memoria
graban sobre la piel fotográfica
de nuestra conciencia.

Es el ritmo del pulso
de quien sabe que buscamos
en los rincones de sus espejos
alguna señal que confirme
nuestra familiaridad con Él.

CHUBASCOS DE VIDA

Fluyes Dios en torrente
cargando ninguna promesa;
sin culpas por repartir
o cuenta pendiente alguna.

Fluyes en la sed que me anega
como si ignoraras mi existencia
y bebo el nombre de tus ojos
como si creyera que me miras.

Floto entre Tú y mis dudas
renovando mi sed de sed
nadando, al buscar agua
entre chubascos de vida.

PIROTECNIA PRIMAVERAL

Llegue ya, tu primavera
a maquillar mi tez de arcilla;
vengan sus pinceles
a cromar los pistilos
de cada idea silvestre
que florezca en mi llano.

Que estalle la pirotecnia
con luces de pétalos
sobre los tallos del miedo;
que las abejas de mi mente
abreven ansias de colmena.

Venga Dios tu primavera
en el fuego enverdecido
de los brotes del temple
que sabrán echar raíces
entre rocas y sequías.

Venga ya, tu primavera
a bendecir a mi alma serrana
con el confeti de la vida.

ESCLAVO DEL AIRE

En el calabozo atmosférico
vivo esclavo del aire;
soy su cliente obligado
su presidiario e impureza.

Mi jaula es una esfera sin techo
que orbita después de Venus
en la que preso estoy, atado de nariz
pagando una condena respiratoria.

Repto en la fría piel del magma
cual plaga de lo convexo
pululando con millones de migrantes
en esta celda de vapor y tiempo.

Estoy cautivo en un planeta sin bordes
cuya celda de gas me comprime
atraída por la masa de su centro.

Reo seré del aire que amolda mi semblante
hasta que se rindan en él mis pulmones.

Entonces, disuelto en la atmósfera
me esparciré sin límite, lugar o tiempo
mezclando a capricho los puntos cardinales.
Seré recreado para volar ingrávido
sin más propulsión que el pensamiento.

Dispersaré el polvo de mi nombre
y las cenizas agobiantes del pasado
sobre las playas y cerros que amé;
alargare la cola de los cometas
despeinaré el fulgor de la luna
haré espuma en la estela de los delfines
besare cada noche la frente de mi prole
y viajaré años luz hasta el nido del instante.
Entonces, sin ego ni rostro en el espejo
seré libre, transpirando eternidad.

EL PENSAMIENTO

Tan extenso es el pensamiento
que se sale de la creación
se derrama en ella
anuda sus bordes
la reinventa.
Tan grande
que bien acoge
a los largos dioses
y los miedos dispersos.
Tan amplio, que casi abarca
al hecho diminuto de un hombre.

ÓXIDO

Dios creó al vacío
es su máximo logro:
incontenible, ligero
reciclable e infinito.

Solo al vacío creo Dios
el resto es óxido de lo mismo:
evolución semilenta
de un hastío todopoderoso.

LA PAZ ES AGUA

La paz es agua
que te elija y que me escoja
la equidad de su lluvia;
que bautice al reloj del mundo
en el diario sacramento
de su tregua.

Que en su tormenta
se curen las tuyas
y también mis heridas;
las del rencor, las del mortero
las de la quietud negligente
y las del daño colateral.

La paz es agua:
que deshaga al papel
donde se firman
el odio y sus tratados;
que diluya reactivos
en la matriz homicida
de bombas y prejuicios.

Que disuelvan sus torrentes
a los motivos de las batallas:
las de las balas y las del ego;
las de ideas y creencias discordes;
las desiguales y las perpetuas
las públicas, las internas

y las que se ocultan tras otras;
las que son de un solo lado
y las que se parecen a lo habitual.

Que se ahogue el miedo
que sentimos del otro:
del distinto y del contrario
del catrín y del descalzo
del vecino y del extraño.

Que se hundan las fobias
en el giro de un remolino
seguidas por la ignorancia
que las vuelve peligrosas.

Que resbalen las armas
de las manos empapadas;
las que disparan, las que someten
las que silencian o aterrorizan
las que desnutren o cortan alas
las que segregan o abandonan.

Que aguas corpulentas
derrumben a las murallas
que no dejan mirarse a uno mismo
en la cara distinta que tiene el vecino.

Que su alud deshaga actas
ideologías y doctrinas
que extienden el dominio
de criterios excluyentes.

La paz es agua
que impulse a la savia
hacia el follaje de los hechos;

que licúe a la tinta
con que estampa
su firma en el aire,
la palabra honorable
que no requiere papel.

Que llueva, escurra
arrastre y desborde
hasta que la dignidad
de cada individuo
sea potable para todos
y la de la muchedumbre
justifique -en la humedad-
a cada quien.

La paz es agua;
que su voz de vida
convoque a mojarnos.

La paz es agua
¡juntos venimos a evaporar!

POLVAREDA

Soy la polvareda
que levanto en el camino;
quien lo pisa y traza
en la amplitud de la distancia
sobre la que me voy dibujando
a pasos.

DISUELTOS

Gira a veces el aire
movido por hombres
que soplan ideales
solubles en él.

Disueltos
se mueven flotando
los sueños que llegan
a quien respira lento.

UN DÍA, EL AMOR CALLEJERO

Un día, el amor callejero
se extenderá sobre el brío de la ciudad
adosándose al bullicio del gentío
y fluyendo por las venas del mercado.

Será empotrado como ley en la plaza
entre las rendijas de la costumbre.
Dragará los arrecifes donde encallan
las remesas de la inclusión
y mellará el filo de la intolerancia
que hiere a los que optaron
-y a los que no- por ser diferentes.

Un día, el amor callejero
regirá igual, entre fracasos y medallas;
en quienes ganan y en quienes nunca
 en los rotos y en los sobrados,
en la pericia y en la ignorancia,
en el que enseña y en quien pregunta.
Abrazará a los que arriban, a los andantes
a los cansados y a los que aún no parten.

Resanará los entrepaños del tiempo
por donde escurre el rencor como herencia.
la Hidra no lo usará de antifaz
ni lo invocará el bribón como anzuelo.

Un día, ese amor callejero
allanará cuarteles y trincheras;
poniendo espejos profundos
en las mirillas con que se apunta.

Acechará el amor por las banquetas
aliviando soledades malheridas
y encendiendo lunas eléctricas
en la oscuridad que se adosa
a la deriva del indigente.

Un día, el amor callejero
disolverá los rigores del protocolo
añadiendo un apretón de almas
al cruce de itinerarios.

Frenará los motores
de la prisa que llevamos
para conquistar la indiferencia;
de la urgencia de vivir sin estar
y de la premura por volver sin haber ido.

Un día el amor callejero
abrirá los cerrojos de las fronteras
para que "haber nacido"
sea pasaporte universal;
para que los derechos sean largos
y amplios los paisajes de la oportunidad.

Un día, el amor callejero
alfombrará los asilos y refugios

donde clava su mesura
el ajetreo de los bastones.
Abrirá el telón del gran teatro
donde acopian los más viejos
las respuestas y razones
que gastamos la vida buscando.

Por el amor callejero, un día
rebeldes y pacifistas
sumarán sus caballos y pegasos de fuerza;
harán puentes con el tubo
de aquellos telescopios
con que buscaban ideales difusos
y trenzarán lazos de unión
con los hilos de la tinta
que en vano y tantas veces
escribió la palabra justicia.

Un día, el amor callejero
ensanchará las rutas sin peaje
sobre las que más se avanza
entre menor sea la velocidad
a la que se distancian las ideas.

Un día, el amor libre y callejero
trazará mapas para el hecho y la actitud.
Será guante de luz en las faenas de la rutina
y aura incluyente en la extensión de manos.

Un día, el amor callejero
regirá igual entre fracasos y medallas

en quienes ganan y en quienes nunca;
en los rotos y en los sobrados;
en la pericia y en la ignorancia
en el que enseña y en quien pregunta.
Abrazará a los que arriban
a los andantes y a los que aún no parten.

Un día ordinario, como éste o cualquiera,
después de tanto multiplicar las sumas
habremos extendido al amor
como ley natural, en las calles.

SINCRONÍA DE ALAS

Vuela el Universo
moviendo las alas
musculosas
de la eternidad.

Las nuestras
se acuñan diminutas
entre plumas
de alas más grandes
que a su vez
se ajustan en otras
que son apenas plumaje
en alas mayores
las que, ordenadas,
empluman a otras
fractalmente adosadas
en otras y otras
cada vez más grandes;
hasta que se hace posible
el vuelo unitario de lo absoluto.

¿Hacia dónde bate el aire
nuestro minúsculo anhelo
que se acuña entre las plumas
de las causas y las fuerzas
que infinitamente se suceden?

¿En el vuelo que apunta
hacia cuál propósito
nuestro esfuerzo conectado
es parte del empuje sideral?

¿Desde cuál Dios
y hacia qué afán
aletea el universo;
en cuyas interminables alas
es apenas una pluma
el ala que adosa a la nuestra?

Si todos vamos
en el mismo arrojo
por el que todo es y sucede:
¿a qué sueño es que volamos?

¿Será el vuelo en sí
la causa primigenia
del impulso sucesivo
que armoniza a todas las alas
desde donde cada pluma
dirige en coro al universo?

SIMULACRO

El amor
 es un simulacro
de vida
en la falacia
de la realidad

Capítulo IV
NATURREALEZA

LLUVIA DE SOL

Cascadas de luz llueven desde el sol
se arrastra su cauda entre meteoros y planetas
dejando espuma láctea a lo largo de la noche.

Sus gotas disuelven sombras en la dermis de la tierra;
arrecia el chubasco encendiendo brillos y colores
mientras la fiesta luminosa forma auroras corpulentas
escaneadas en el brillo de los ojos que amanecen.

La fauna aluzada estira sus músculos
empapados del fulgor que los descobija.
El rocío del sol abre los colores del tucán
e inunda la atmósfera de aloques alboradas.

Las plantas descuelgan tentáculos de savia
desde el canto mañanero de sus aves sopranas
y la abeja resbala la canción de su aleteo
entre húmedos pliegues de aire iluminado.

Se incendia el bosque de voces verdes
bajo la brazada del viento y el sigilo del ciervo.
El arroyo se entreteje con la brisa del sol
para extender la sábana de un día nuevo
sobre el que pueda croar el duende de los lagos.

La vida es un diario chubasco de magia solar
mantra de luz aleteando en la sed del tiempo
fuego que llueve sobre un nido de milagros.

URNA EXACTA

La tierra
es humo amasado
que al giro del tiempo
endurece.
Húmeda fumarola
de roca fértil
exhalada en voz
del infinito.
Vapor consolidado
de soles ancestrales
que reencarnan
en trinos y peces.
Copo mineral del universo;
urna blanda y perfecta
para abrazar -al final-
nuestra ceniza.

LA BIBLIOTECA

La primavera es luz
escribiendo flores
en las verdes páginas
del cerro analfabeta
que ostenta orgulloso
su biblioteca clorofílica
repleta de pájaros sin lentes.

El sol que entinta las hojas
traerá su madrugador empeño
por abrir las páginas de cada pistilo
donde sabrán leer con asombro
su beso de cada día, las mariposas.

EL HORMIGUERO

Las hormigas nunca chocan
no necesitan semáforo alguno
para trazar veredas de intuición
que se tejen en la ruta de las otras.

Cubren el bosque con la red temblorosa
que evidencia a su mente coordinada.
Su zigzagueante alboroto de antenas
hace amanecer a la curiosidad del sol
que pródigamente las surte de hojas.

Las hormigas saben ser una sola;
un mismo paradigma las conecta
a la fuente de consciencia unificada
donde cada una significa: todas.

El hormiguero es una enorme creatura
diseminada en bolitas de a seis patas
que no dejan de palpar -cariñosas-
al alma solidaria de la tierra.

LA ORUGA DIMINUTA

La Creación es un arbusto inmenso
en cuyo follaje incontenible
habitan las cosas, las galaxias,
y la luz que aún no conoce
los bordes del infinito.

La materia se transforma en sus tallos
al igual que brotan nidos estelares,
cada cosa madura y muta en otra
a la voz clorofílica del tiempo.

En la fronda estrellada de la planta
exubera la expansión arbórea
cuyo polen fecunda nuevos mundos
encapullando entre la cósmica hojarasca
a la oruga diminuta de la conciencia:
crisálida de luz que abre sus alas
al vuelo íntimo al que invita el universo.

ABEJAS DE FUERZA

Zumban sus motores
calculan la ruta
y altivan los cuerpos
que en el torso
apenas llevan alas.
El panal se dispersa
en cuanto las flores
abren los cofres del aroma.

Un mantra alado
murmura el bosque.
Pistilos seducidos
tributan polen
al brío muscular
de miles de abejas
de fuerza.

El campo es
un verde hechizo
donde la magia
conjura miel
con sus motores.

VEGETA EL TIEMPO

Germinan las hojas
de días fugaces
en ramas de meses
que se unen en brazos
obesos de años
que dividen troncos
anillados de siglos.

Vegeta el tiempo
que apenas habré tocado
al posar en su follaje
mi pasión herbívora.

Se expande la clorofila
en brotes de segundero
verdes y diminutos
como efímero el bosque.

HUMO DE LA TIERRA

Humo verde aflora de la tierra
crece, echando nidos y raíces
al estarse quieto.

Que la humareda inunde a la tierra
formando otra atmósfera
de follaje y clorofila
donde se asfixie el silencio
con un manto espeso de pájaros.

NIDOS Y CASCARONES

El día es una gota de Dios
que moja al mundo
y sopla vida en los nidales.
Trino de aves nuevas
promete el susurro de la llovizna.
Rotos cascarones aparecen por doquier
canjeando sus soles de clara y yema
por un puñado de picos ansiosos
abiertos sobre un escándalo de plumas.

AVE DE PASO

Deshoja al ave
que navega en tu papel,
hazla tinta;
a fin de letras:
volará.

LIBÉLULA

La pluma es libélula
de alas adentro
que abren sumisas
en la mano del poeta.

FLORES LLOVIDAS

A mi Madre, en sus 75

Mi madre es la tierra
es humus, lluvia y sol
acicalando al tiempo
en el que suena la voz
de la mujer que me templó
al vapor de arenas y lunas.

Es un reloj de lirios
vistiendo al verano del agua;
eclipse de noches llovidas
brillando al norte
de cada desvelo.

Mi madre es la tierra
con sus peces
geranios y aullidos.
Mujer del día a día
que indica a su estrella
la hora exacta
para ponerse el suéter.

Mi madre es la tensión
que sostiene al ala
extendida del alcatraz
en que imito su vuelo.

Es el amarre emocional
por el que no se me desgranan
los fragmentos del mundo.

Mi madre es un retoño de jardín
con nombre de mujer y de tiempo;
terrón abierto del universo
donde Dios lanzó confiado
la semilla precisa de su mirada
para que aquí estuviera mi voz
celebrándola junto a la lluvia
los geranios y las alas del alcatraz.

ACTO DE FE

El ave que sabe
lo ave que es,
salta del nido
por primera vez.

Capítulo V
VOCES DEL AGUA

EQUIDAD

Qué bien dotada de sal
está cada gota del océano;
cuán equitativa carga de mar
llevan en sus genes una a una.

Cada ola es todas ellas
conteniendo al mar completo
en el alma de su sal bien repartida.

El aliento de la tierra
-polvo de cinco continentes-
nada en todos los océanos
disuelto en el sabor de cada grano.

Todo es uno
y cada parte lo contiene todo.
Que bien dotada de sal
está cada gota del océano.

PISTILO ALADO

Flor de cuatro pétalos nerviosos
atados a un tallo que vuela;
la libélula corteja reflejos
buscando la primavera
entre los matices del agua.

Aspas de vitral
pistilo alado
orquídea al viento
cuyo polen fecunda
a las olas dormidas
en el filo atardecido
de las mejillas del cauce.

Siempre habrá un río
tatuado en el empeño
con que amanece al vuelo
el mantra enamorado
de la libélula.

EL CICLO

Traza las cañadas de la mente;
erosiona las cúspides filosas
de cada emoción agreste;
desgaja la luz que se despeña
en el vórtice de lo supuesto
hasta ser beso y pausa
en el vapor de los hechos.

Fluye el eco del agua
como voz, palabra y arrecife
que aspira a ser frase y tinta
en el ciclo de su propio poema.

SED DE QUEDARSE

Vuela el canto del agua
dibujando los arroyos
donde poliniza su luz
el amanecer.

Invita a nadar en el viaje
hacia donde las neuronas
son líquidas luciérnagas
anegando sombras.

En el abrevadero del aire
aletea la luz del agua
salpicando vida
sobre las ideas
que, súbitamente
también abren las alas.

BUEN ANZUELO

Redes, carnadas
y ganchos filosos
lanzan al agua
en que nada.

Una y otra vez
vanos metales
con punta y cebo
rasgan el flujo
de donde escapa.

Día a día
hurga el pez
por un buen anzuelo
en el que valga la pena
ir más allá del agua.

REPTA EL AGUA

Con la cola de espuma
y el vientre de cristal
fría, serpentea el agua.

Repta
puliendo heridas
en la roca abierta
en que anida el mundo.

Pecho a tierra
Y de bajada
marca el abdomen
del viejo valle
mientras arrastra el cuerpo
con su par de hidrógenos
mirando al cielo.

Fluyendo anhela
encontrar el clímax
que la eleve al sol.

Repta el agua
buscando el hervor
que le haga –por fin–
emprender el vuelo.

DE RANAS

Sin marro ni cincel
la delgada pluma del agua
afina el perfil de las cañadas
que el magma no concluyó.

Después evapora, buscando
lluviosa
otro paraje donde esculpir
reverdecer o inundar.

Una mano del Olimpo
le da su bendición
floreándola de ranas
olas y peces
por donde quiera
que vaya.

LENGUAJE DE DIOSES

Núcleo incoloro del mar
escurridiza sombra mineral
que anda, libre de patas
desentrañando rocas.

Miel de cristal anfibio
madre nubosa hecha ríos
que, orando en la sed del sol
da a luz a la clorofila.

Agua:
fluido lenguaje
de los dioses volubles
con el que hacen vivir
o callan.

CONTUNDENCIA

Rota la ola
salta a la vista
que el mar entero
está hecho de espuma.

Las olas efervescen
en su beso con la arena
mostrando sin recato
el secreto de Neptuno.

La receta del mar
escurre a la vista
sobre el dorso asoleado
de todas las playas.

Burbujas estridentes
afloran al compás
de cada ola.
Esferas de humo náutico
nadan desnudas
sobre escenarios de arena.

Rota la ola
se esparce en la playa
el profundo secreto
de que el mar entero
está hecho de espuma.

ERMITAÑO

Gira el caracol
y se hace.
Blanca su dócil pasta
se vuelve rúbrica de roca
nómada guarida
marítimo cascarón;
habitable hélice fractal
que se expande de a poco
en el calcio endurecido
del arte submarino.

Blanca su dócil pasta
forja una espiral lenta
mientras un tímido
florear de patas
parece darle vida
con tenazas.

-

Dinastía de olas

Las olas
son brazadas
de mar exhausto
pidiendo asilo a la tierra
donde llegan a morir.

Espasmos de sal
al final del nado
acicalan a la arena
donde se desvisten del agua
volviéndose espuma
y evocación oceánica.

Mueren las olas
y sus burbujas rugen
al reventar hacia el viento
que se nutre de ellas
-y de lo que saben-
para hacer más olas
que volverán exhaustas
-braceando-
hasta la playa
para dejar el traje
 volverse espuma
y engrosar al viento
que hará otras olas
que morirán cansadas

formando espuma
que exhalará un soplo
 que moverá a otras olas
en el ciclo de su dinastía
interminable.

LA ATMÓSFERA

Fuera del mar
yace el aire
que las ballenas
van pescando
en lo profundo
del océano.

Sumergidas lo atrapan
suben nadando
y lo sueltan
por el geiser
incansable
de su espalda.

Fuera del agua
el aire se acumula
las ballenas no cesan;
surge la atmósfera
las plantas, el viento
y los seres que respiran.

Al paso de los siglos
aquí estoy:
percibiendo en el aire
un añejo sabor marino.

GALA JUGLAR

Oídos de nácar -que se besan-
espejean su exactitud
descubriendo —enconchados-
la simetría de la almeja.

Los pulpos son orugas hambrientas
que convergen -de ocho en ocho-
en el molusco que las ata.

Las algas son obleas sin cajeta
que se vuelven medusas
al reunir muchas tiras de espageti.

Tras el chaleco de escamas
-follaje de monedas traslapadas-
asoma del pez -cual timón- la cola.
Brocha que peina las barbas del agua
bandera ondeante del viento submarino.

El mar es expansión circense
gala juglar bajo el toldo de las olas;
mágica infusión de surrealismo viviente
que marca con viejos caracoles
el borde emplayado de su influjo.

SOMBRA ANFIBIA

La playa es un dorado tentáculo de arena
dogma anfibio entre dos credos;
posada de gaviotas que anhelan pausa.
Largo arnés que el mar sujeta
con las manos ampolladas de barcos.
Borde donde el monte se despeña a beber;
serpiente de espuma en cuya piel encalla el sol.
Mítico edén en los cuentos de las tortugas
dobladillo arenoso del océano y sus costuras.

La playa es un dorado filete de inclusión
alma vieja de la tierra al nacer
hostal donde dos mundos citan al amor.

AZULES BALLENAS

Del otro lado del aire
azules ballenas
tejen el firmamento.
Sus lomos apretados
definen el tono
de la bóveda celeste.

De tanto nadar volando
mueren de a poco y caen
dejando una estrella
en la noche de la manada.

Se incrustan en la tierra
sus blancos esqueletos
y se enlaman de pie
camuflados como pinos.
Bosques tupidos se forjan
enverdeciendo la cintura
de las montañas.

Caen los árboles
ante el hacha del tiempo
diluyéndose en el humus.
Los hombres siembran
granos, casas y sueños
en el polvo residual
de cetáceos ancestrales.

Azules ballenas
percibo en el aire
donde solo soy plancton.

ACERCA DEL AUTOR

Carlos Vázquez Segura (Guadalajara, México, 1964) es poeta y periodista. Master por la Universidad Panamericana. Editorialista del periódico *MURAL*. Colabora en revistas y páginas de temática cultural, así como en cápsulas de televisión, tanto en México como en Perú. Como poeta ha publicado *Soplos y pensavientos* (1999), *Áspera una luz* (2002), *Quijotes y luciérnagas* (2008), *El eco de la piel* (2013). Ha sido antologado en Filipinas, España, Uruguay y Estados Unidos, países en los que ha obtenido algunos premios y distinciones. En 2016 colaboró en *Poetry of Resistance*, antología que obtuvo el primer lugar en el International Latino Book Awards, en la categoría de mejor libro colectivo, mientras que en 2020 recibió la distinción honoris causa, por la Fundación Universidad Hispana, en reconocimiento a su obra escrita, tanto periodística como poética.

ÍNDICE

Vuelo unitario

Colección
VISPERA DEL SUEÑO
Poesía de migrantes en EE.UU.
(Homenaje a Aida Cartagena Portalatín)

1
Después de la lluvia / After the rain
Yrene Santos

2
Lejano cuerpo
Franky De Varona

3
Silencio diario
Rafael Toni Badía

Colección
MUNDO DEL REVÉS
Poesía infantil
(Homenaje a María Elena Walsh)

1
Amor completo como un esqueleto
Minor Arias Uva

2
La joven ombú
Marisa Russo

Colección
PROYECTO VOCES
Antologías colectivas

Voces del café
Voces de caramelo / Cotton Candy Voices
Voces de América Latina I
Voces de América Latina II
María Farazdel (Palitachi)
Compiladora

Colección
VEINTE SURCOS
Antologías colectivas
(Homenaje a Julia de Burgos)

Antología 2020 / Anthology 2020
Ocho poetas hispanounidenses / Eight Hispanic American Poets
Luis Alberto Ambroggio
Compilador

Para los que piensan, como Waldo Leyva, que "la palabra ha llegado al extremo de la perfeción", este libro se terminó de imprimir en noviembre de 2021 en los Estados Unidos de América.

Made in the USA
Middletown, DE
17 April 2023